novum **pro**

AF149900

GRIT BÜCHNER-MÖGLING

Mitunter Gedanken

novum pro

Dieses Buch ist auch als
e-book
erhältlich.

Bibliografische Information
der Deutschen Nationalbibliothek:

Die Deutsche Nationalbibliothek
verzeichnet diese Publikation in
der Deutschen Nationalbibliografie.
Detaillierte bibliografische Daten
sind im Internet über
http://www.d-nb.de abrufbar.

© 2024 novum Verlag

ISBN 978-3-7116-0049-3
Lektorat: Clarissa Seiferheldt
Umschlaggestaltung, Layout & Satz:
novum Verlag

www.novumverlag.com

Gedruckt in der Europäischen Union
auf umweltfreundlichem, chlor- und
säurefrei gebleichtem Papier.

Druckprodukt mit finanziellem
Klimabeitrag
ClimatePartner.com/16547-2311-1001

Inhaltsverzeichnis

Abwenden

Im Guten oder Bösen
Oder gleichgültig

Verschwendete Lebenszeit
„Gib mir mein Leben zurück, gib mir …"

Zornig oder traurig
Vielleicht beides

Enttäuschung
Sehr häufig

Falsch verstanden oder gerade richtig
Möglicherweise

Alte Liebe
Ja, besser abgewandt

Alte Vorstellungen oder neue Ideen
Realistisch?

Lieber einmal zu viel abwenden
Als einmal zu wenig? Zum Schutz?

Angetrieben

Warum?
„Warum fühlen Sie sich angetrieben?"
Fragt sie.
Ich weiß nicht. Es ist immer so.
Sie: „Seit wann?"
Solange ich denken kann.
Sie: „Hören Sie doch auf."
Nein, dann gibt es kein Ziel.
Sie: „Warum Ziel?"
Man benötigt es zum Leben.
Sie: „Und wenn es weg ist?"
Ein neues suchen.

So geht es weiter
Weiter
Noch leben
Weiter, angestrengt
Annehmen
Weiter
Aber wirkliches Ziel: Leben leben

Asche im Schnee

Es ist dunkel und kalt
Sehr kalt
Es ist trotzdem nicht zu spüren
Es ist warm
Es ist schön
Asche im Schnee
Die Gedanken drehen sich
Diese Bewegung hilft, die Kälte zu vergessen
Alleinsein hilft
Asche
Man wird müde
Die Drehung reicht nicht mehr
Müdigkeit
Es wird kalt
Keine Lösung
Zum letzten Mal Asche im Schnee
Bis morgen

Bei Nacht sind alle Katzen grau

Wir kennen den Tag, in Pflichten verstrickt
Wir müssen
Wir folgen Terminen, uns selbst vergessend
Wir malen uns aus, die Welt, die wir erschaffen möchten
Wir jagen nach Zielen, im steten Lauf
Wir wollen schaffen und etwas schaffen
Wir wollen besser sein, dabei stets nach Höhe trachten
Wir vergleichen – uns – euch
Wir rechtfertigen, als müssten wir es beweisen
Wir kommunizieren, doch manchmal wird die Stille gesucht
Wir nehmen wahr, die Wahrnehmung nimmt uns gefangen
Wir kommen an oder verweilen in der Leere
Wir nehmen die Hoffnung mit nach morgen
Wir blicken zurück, was uns der Tag auferlegt
Dann rettet uns die Nacht

Bewusstsein des Selbst

Es ist tief, ganz tief unten
Man sieht es nicht
Spürt es nicht
Ist es da?
Man kommt nicht an es heran
Zu kurz die Arme und der Wille
Ich fass es nicht an, nein
Ich kenne es nicht
Also lass ich es da
Es wurde gesagt: „Es ist gut. Du brauchst es.
Ohne hast du schon verloren!"
Man sieht mich nicht, hört mich nicht
Sicherheit
Dann lieber ohne es
So abgrundtief gehe ich nicht rein
Das ist gefährlich
Abstürzen, Brüche, einfach kaputt
Das Bewusstsein hatte ich nie
Zu spät
Das kenne ich nicht
Es soll bleiben, wo es ist
Ich bin sicher ...

Das Kissen

Ich weine,
in mein kleines Kissen heulend die Welt verfluchend.
Manchmal hilft es, oft nicht.

Ich will weinen,
bin traurig,
so erschöpft, muss mich ausruhen vom Schluchzen.

Warum weinen?
Scham, Schuld, Unzulänglichkeit ...
Ich möchte unsichtbar sein.

Jetzt fängt das Karussell an
zu drehen, immer die gleiche Richtung,
schneller, langsamer, schneller,
immer das Gleiche.

Ich möchte weinen,
in mein kleines Kissen, dann hört das Drehen auf,
wenigstens kurz.

Der Hund

Der Hund war eine Hündin,
eigentlich kein richtiger Hund,
weil klein.
Aber eine Spitzbübin,
das tat er kund,
weil nicht klitzeklein.

Der Hund war nicht perfekt,
lebte mit schiefen Zähnen,
das merkte kaum einer.
Er war halt defekt,
man musste es nicht erwähnen,
ein lächelnder Vierbeiner.

Der Hund war irgendwann alt und grau,
mit 105 war es vorbei,
das Lichtlein ging aus.
Wir sagten ciao,
der Freund nur noch in Träumerei,
nur Dankbarkeit und Applaus.

Die Wohnung schläft

Das ist schön,
eine friedliche Zusammenkunft
mit mir selbst.
Das ist ausreichend.
Es ist anstrengend,
aber ehrlich,
trotzdem ehrlich.

In der Stille der Nacht,
die Gedanken fliegen weit,
die Welt verblasst.
Alle Sorgen schwinden, fast.
Ich bin in Einklang,
mit mir und meiner Welt, fast.

Die Wohnung schläft.
Und ich auch.
Ein fast ruhiger Schlaf,
voller Träume und Gedanken.
Die Nacht vergeht,
ein neuer Tag erwacht,
mit der Gewissheit,
dass ich meinen Weg gehen muss. Wieder.

Das ist fast schön.
Eine friedliche Zusammenkunft
mit mir selbst.
Das ist ausreichend.
Es ist anstrengend.
Aber ehrlich,
trotzdem ehrlich.

Die Stille und Ruhe dieser Wohnung
sind bei mir.
Ich finde selbst fast Frieden,
in der Einsamkeit und im Sein.

Du bist da

Immer
In Ewigkeit verweilend
Meine Falten still betrachtend
Von zarten Anfängen, wie eine glatte, ruhige Wüste
Bis zu den stürmischen, wilden Momenten in der Wüste
Aber du bleibst beständig
Trotz allem

Bis zum letzten Atemzug?
Fast war es so
Du warst immer gegenwärtig
Aufpassend, treu
Ich sollte den Weg nicht gehen
Er wäre einfach gewesen
Ich habe ihn nicht gewählt. Deinetwegen?
Bleib

Du musst

Du musst glücklich sein, du lebst
Du darfst nicht unzufrieden sein, weil du so lebst
Reiß dich zusammen!
Was sollen andere sagen?
Mach weiter, es wird schon
Du lebst, sei lebendig und zufrieden
Sei nicht egoistisch, sei zufrieden
Das kann nicht so schwer sein!
Darf es nicht ...
Carpe diem muss sein
Nimm das Müssen an
Bitte
Ja?

Enden

Endentscheidung
Entscheidungsangst
Angstlösen
Lösendes
Desaster
Astervase
Vasenschrank
Schrankschlüssel
Schlüsselbrett
Bretterbude
Budenkauf   **auf**

Aufsitzen
Sitzenlassen
Lassender
Endergebnis
Ergebnisbild
Bildfälschung
Fälschungssicherheit
Sicherheitsbedürfnis
Bedürfniserkennung
Erkennungssatz
Satzanfang

Anfang

Leben evidenzbasiert

Die Gesamtkohorte im Leben sagt, es ist gut oder nicht
Wer raus muss oder möchte, ist wichtig
Achte auch auf die Kontrollen
Lebensführung hat keinen Goldstandard
Zu komplex, zu anders
Wer zensiert wird, entscheidet das Protokoll
Raus ist raus
Die Effizienz muss beachtet werden:
Falsch-positiv und -negativ sind beachtenswert!
Lass dich nicht vom Bias anlocken
Nicht alles, was glänzt, ist Gold
Die Irrtumswahrscheinlichkeit muss eigeplant werden
Der Standardfehler sowieso
Wie signifikant die Stichprobe ist,
wird sich erst im Verlauf zeigen
So ist es leider
Wichtig: Follow-up, zum Verifizieren
Wer hoch hinaus möchte, erstrebe hohen Impact-Faktor!
Aber keinen Zwang!
Die Wirksamkeit ist immer:
Subjektiv!

Geburtstag

Ich habe es mitbekommen,
mal wieder, zum Glück.
Als Kind war es etwas Besonderes,
oft nett, aber nicht immer,
manchmal traurig.
Heute ist es oft nett, oder anstrengend,
die kindlichen Erwartungen nicht mehr da,
zum Schutz.

Ich habe es heute mitbekommen.
Das ist gut. Es gibt Menschen,
die über mein Dasein froh sind.
Warum? Liebe? Zuviel für mich.
Ich freue mich über Menschen, die einfach da sind.
Nicht hinterfragen. Nichts erwarten.
Dann ist es gut.

Gelassenheit?!

Wie ist das möglich?
Lässt man die Welt hinter sich,
alles ist egal?
Sag es mir! Bitte.

Gelassenheit, ein stiller Fluss im Inneren,
kein Sturm, der die Seele wirbelt.
Ein ruhiger Atem, tief und bedacht,
ein friedvoller Hauch.

Sie ist kein Rennen,
keine hastige Jagd,
kein Flüstern der Angst, das uns treibt.

Ein Blick, der die Welt in sich aufnimmt,
ohne Hast,
ohne Gier nach dem Nächsten.

Ein Tanz mit dem Augenblick,
ein Verweilen.
Die Zeit begleitet achtsam
wie ein weiser Freund.

Ein Echo der Gelassenen,
die den Sturm in sich fühlen,
doch nicht untergehen,
inmitten des Chaos einen inneren Frieden teilen.

Gelassenheit, ein Geschenk an das eigene Sein ...

Glücksfall

Fallneigung
Neigungswinkel
Winkelgrad
Gradmesser
Messerscharf
Scharfsicht
Sichtblende
Blendender
Dermis
Missverständnis
Verständnislos
Losverkauf
Verkaufserlös
Erlösendes
Deshalb
Halbton
Tonerde
Erdenken
Kenterung
Ungleich
Gleichsam
Samstage
Tagelang
Langeweile
Weilende
Endeten
Tenor
Orden
Denkweg
Wegfall
Fall

Herumbekommen

Sonntag
Er wird nicht gemocht
Durch mich
Gar verwünscht
Wie sein jüngerer Bruder, die sechs
Vielleicht eine unnatürliche Regung
Schwer zu fassen, schwer zu verstehen
Nachmittag

Erwarte den nächsten Tag
Endlich
Weniger Gedanken
Kein endloses Karussell
Neue Möglichkeiten zeichnen sich ab
Interessantes
Vielleicht

Eingesperrte Melancholie
Nach Plan
Ab dem ersten Tag bis fünf
Gebrauchtwerden
Um Rat gefragt
Vielleicht ein Ziel
Tun, handeln, gestalten

Ab sechs neues Karussell
Zeit kleinmachen
Gedanken herumschubsen
Auf den Abend hoffen
Wäsche saubermachen
Vielleicht ihn, die sieben, beerdigen wollen

Heute mal gut

Heute mal gut, ein Lächeln im Gesicht
„Schreib nichts Trauriges, die Stimmung ist leicht."
Es gibt Menschen, die lieben mich
Er, sie, jeder anders, doch lieben sie
So sollte es sein und es ist so
Dasein im Dasein
Bis zum Ende, welches es auch sei

Der Wald ist schön
Mal ruhig, mal laut, immer da
Er verändert sich, bleibt mir vertraut
Nicht böse, der Wald
Er beruhigt mit Rascheln
Nimmt meine Gedanken auf, lässt sie verhaspeln
Mit mir lacht er, manchmal weint er
Trost im Lebensrausch
So gehen die Gedanken, finden ihre Lösung,
in der Waldesillusion

Heute mal gut,
im Licht der Sonne,
Dasein im Dasein,
bis zum Ende,
gemeinsam und allein

Hoffnung

Hoffnungslos
Lossagen
Sagenheld
Heldensagen
Sagenwollen
Wollschaf
Schafsleben
Lebensentscheidung
Entscheidungsfindung
Findungschance
Chancenlos
Loslassen
Lassender
Dergleichen
Gleichnis
Nisten
Tendieren
Rentabel
Beladen
Denken
Kenntnis
Nistplatz
Platzhalten
Haltender
Erhoffen
Hoffnung

Kalter Kaffee

Warum bekomme ich immer
das scheußliche Getränk?
Ich habe es nicht bestellt
Geh weg damit! Los!
Es ist widerlich
Ich kann es nicht mehr sehen
Es schmeckt nach Galle
Mir wird schlecht
Brechen, einmal, zweimal, ...
Immer und für immer
Der Gedanke reicht zum Übergeben
Ich möchte es zurückgeben
Es wird nicht zurückgenommen
Es sei wichtig, man darf es nicht vergessen!
Sagen schlaue Menschen
Es wird mitunter erwärmt serviert
Noch schlimmer!
Mein Herz überschlägt sich
Das Erbrechen ist nicht mehr zu ertragen
Was soll ich jetzt tun?
Augen schließen
Mund vollstopfen
Oder Nase zu halten
Beides geht nicht. Nie!
Oder den Servierer entfernen
Gut!
Endlich

Liebe über Gesundheit?

„Herzlichen Glückwunsch zum Geburtstag,
vor allem Gesundheit!"
Nein!
Ein gesunder Körper
Gut, aber mehr auch nicht
Ja, wichtig: ein wohlfunktionierender Körper
Aber sonst?
Trotz Gesundheit unglücklich?
Ohne Liebe?
Ohne Sinn im Leben?
Was sagt die Seele dazu?

Aber gesund! Halbwegs zumindest
Das hast du dir gewünscht!
Aber ein großes Aber
Und die Erträglichkeit des Lebens?
Vielleicht abwesend
Wünsch dir lieber Liebe
Nein, kein Kitsch
Nicht nur überleben, lebendig sein
Die Erträglichkeit des Lebens nicht nur ertragen
Sie mit Liebe füllen
Erleben

Lieben

Benennen
Nennenswert
Wertschätzung
Schätzungsgebot
Gebotabgebender

Derzeit
Zeitnot
Notdienst
Dienstreise
Reisegepäck
Gepäckaufgeben

Benennen
Nennwert
Wertsache
Sachebene
Ebengleich
Gleichticken
Tickendes

Deshalb
Halbherzig
Zigfach
Fachwort
Wortende
Enden

Dennoch
Nochmalig
Ignorieren
Rennen
Entstehen
Stehenblieb

Lieben

Mein Freund, der Konjunktiv

Er sei da, wenn man ihn brauche,
man müsse sich nicht festlegen,
wenn man nicht möge, Angst habe,
sich einen Weg offenhalten möchte
und er wäre realistisch. Der Realistischste.
Für mich.

Der andere lässt keine Änderungen mehr zu,
er kann überraschend sein, gut oder nicht,
schön, sagen die einen,
reell, richtig,
aber man muss mit ihm zurechtkommen,
was gemacht ist, ist gemacht. Vorbei.

Ich weiß, dass andere meinen Freund
auch als solchen bezeichnen.
Ob viele, das weiß ich nicht.
Aber wenn ich es wüsste, wäre es in Ordnung.
Das würde ich verstehen. Er täte auch ihnen gut.
Der konjunktivische Freund könnte die Rettung sein.

Musik

Wir hörten Musik, zusammen, doch getrennt,
getrennt durch Welten,
Zeit und Ziele, im Leben, für die Zukunft.
Es reichte uns, musste reichen, war genug.

Die Musik fügte zusammen,
was nicht zusammengehört.
Wir hörten, nicht zusammen,
sondern getrennt, wir wussten es, schon immer.

Oben

Mit dir geht es nach oben,
weit oben.
Nicht ganz oben,
fast.
Wunderschön, immer ...

Wie herunterkommen?
Wie immer! Erst Ast für Ast,
langsam ...
Nein, das geht nicht.
Nie, leider.

Mit Absprung!
In der Nähe von ganz oben,
nach unten.
Anfangs noch schön,
summend, mit geschlossenen Augen.

Sehr schnell,
plötzlich allein.
Kalter Wind, Erfrierungen,
der harte Boden in Sicht,
nicht auftreffen, bitte!
Doch.

Reimfrei, keimfrei

Warum reimst du nie?
Das ist doch keine Poesie!

Ich möchte nicht
Ich kann auch nur schlicht

Du bist so absonderlich
Das ist kümmerlich

Pech für die Kuh Elsa
Sie frisst dabei Enzyklika

Das möchte niemand hören
Du kannst nie dazugehören

Dann ist es so
Es bleibt bei Status quo

Ach nein, du versuchst nicht einmal
Kein Potential

Diese redundanten Redundanzen
Widerliche Wanzen

Dann mach weiter so
Kein Niveau

Genau! Lass mich machen
Ich werde dir die Zeilen vermachen

Schneekaltes Grinsen

Draußen ist es kalt, die Luft ist klar
So eisig kalt
Ein Spaziergang, ein Tanz mit alten Geschichten
Erwärmen sich in der frostigen Stille

Die Finger steif, die Nase spürt den Frost
Ein endloser Marsch im Schnee so weiß
Schnell die Freude wieder vergeht
Die Zehen frieren, das Gesicht verliert die Wärme

Schneekaltes Grinsen
Es breitet sich aus
Ein eisiges Lachen, so spöttisch, gemein
Durch Kälte erkannt

Die Landschaft schön, doch auch so trist
Die Sonne fehlt
Die Wärme wird vermisst
Die Zeit verrinnt, kein Ende in Sicht

Die Kälte durchdringt alles
Dennoch erklingt ein Lachen
Das schneekalte Grinsen bleibt
Wie rustikal, so frustig

Schönfärberei

Ich möchte es gerne können
wie du.
Du kannst es so schön.

Nein, kein Schwarz!
Ein dunkles Grün,
wie im aufwachenden Wald
nach einem langen Winter.

Keine endlose Müdigkeit!
Ein friedlicher Schlummer
mit wunderschönen Träumen
mag helfen.

Doch, laute Unterhaltungen!
Sie helfen, alles zu hören,
um nicht unwissend
zu sterben.

Ich bin ich, nicht wie du.
Schade,
aber nicht ich.

Schwermut, Mut, schwer

Sie ist meine Begleiterin
Wir kennen uns
Schon lange
Sie müsste schwarz sein
Sie ist es nicht
Sie ist gräulich, unauffällig

Mit ihr kann man leben, deshalb nicht schwarz
Ab und zu, wenn sie bitterböse war
Erscheint er, perlenfarben
Er hat gute Gedanken und sogar Ziele
Er scheint schön zu sein
Dann erscheint sie wieder
Und sie hat wieder recht
Ich kenne sie, sie kennt mich

Eine Dazwischen-Farbe
Wäre schön
Ohne schwärzestes Schwarz
Und hell-helles Weiß
Und grelles Bunt
Eine unaufgeregte Farbe
Vielleicht ein Grün
Für das Leben
Das wäre schön
Ohne Schwermut
Ohne Mut
Ich

Ungeduld

Nimm mir diese Ungeduld ab
Ich kann es nicht
Die Gedanken kreisen um das Ziel
Sag es mir!
Sie kreisen weiter
Sie ist widerlich, sie stinkt
Nach Erbrochenem oder Tod
Nimm sie mir bitte endlich ab
Die Gedanken kreisen weiter, wie dumm von ihnen,
lernen nichts dazu
Sie und die Gedanken verstehen sich
Welch ein Pack!
Töte sie meinetwegen, egal
Je länger sie da ist, desto widerlicher ist es
Endlich wird sie mir abgenommen!
Sehr spät, vielleicht zu spät
Vielleicht wird es nicht besser, wahrscheinlich
aber der Gestank ist weg
und das widerliche Kreisen
Ruhe ...
Ruhe ... Doch:
Am Horizont sehe ich schon
die nächste Ungeduld

Unwiderruflich

Anfang: Unwillkürlich, ins Unbekannte gestoßen
Auf der Straße unterwegs
Nie geradlinig, manchmal holterdiepolter
Nie sicher
Teilweise fesselnd
Wunderschöne Landschaften
Ekelhafte, stinkende Gassen
Graue Straßen
Ständiges Lernenmüssen
Immer eine Richtung
Manchmal verschiedene Abzweigungen
Verbunden mit der Unsicherheit ob der Richtigkeit der Wahl
Glück – Unglück
Geschlossene Augen – Aufmerksam
Zu schnell – Zu langsam
Niemals stehenbleiben
Das ist nicht möglich
Umwege sind erlaubt
Doch nie zurückkehren
Niemals
Stehenbleiben ist das Ende
Immer
Alles ist unwiderruflich

Unzulänglichkeit

Brecht hat recht
Schlau nicht genug
Für das Leben
Das fädelt sich auf eine hässliche, vertraute Kette
Zum Aufheben zu furchtbar
Zum Verschenken zu kostbar
Jedes Jahr geht ein farbloses Glied
Verloren
Streben nach Glück
Rennen ist verwehrt
Der Kopf bewegt, vielleicht
Aber selbst das bleibt eine träge Bewegung
Langweilig
Ohne Anspruch
Vielleicht wie ein Kaktus dürstend nach Wasser
Traurig ob des aufgegebenen Selbstbetrugs
Aber dennoch folgt
Wenigstens
Der Versuch:
Gutsein

Wei(h)nachten

Die Zeit des Glanzes
Juchhu, endlich, die Freude erklingt, fast unerkannt
Es ist so schön, im kitschigen Schein
„Besinnlich" wird nur jetzt genutzt
Die „Liebe" webt sich durch die Stunden
Beisammensein, harmonisch
oder nur eine inszenierte Farce?
Präsente, natürlich, fester Bestandteil des Ritus
Zufrieden? Vielleicht, ein Blick ins Banale
Mit vollgestopften Bäuchen dasitzen
Nur essen und, zum Glück, trinken
Wein ab Mittag möglich, eine Erlaubnis scheinbar
Abschalten vom aufgedrückten Trubel, einen Moment
Eigene Gedanken, ein Luxus der Zeit
Vielleicht melancholisch
Möglich: Angespannte Stimmung, ein Schatten im Geleit
Alles muss perfekt sein. Alles! Ein Diktat
Jetzt sind wir zusammengekommen! Der Fokus klar
Zusammenreißen, Stress in der Luft
Hoffentlich kein Streit!
Ein stummer Wunsch, leise und ruhig
Alle familiär abarbeiten, auch ein Ritual
Die Lösung: Kopf abschalten, weitertrinken, trivial
Jeden Tag herumbekommen, Tretmühle, Routine
Weitergehen
Die 27 zeigt an: Es ist vorbei! Schade! Oder?
Ist bald Frühling?

Weiter gehen oder weitergehen?

Geh weiter
Für die Gesundheit
Für das Klima

Und weitergehen?
Wofür?
Realistisch?

Lieber in der eigenen
Kleinen Ecke bleiben
Bekannt und sicher

Manchmal winkt die Welt
Weitergehen
Einfach versuchen

Aber zumeist
Unzufriedenheit gepaart
mit Unzulänglichkeit
Wieder zurückgehen

Lieber bekannt
Die Ecke
Weiter gehen

Wer redet, ist nicht tot?

Wer schweigt, erstickt im Inneren,
ein Flüstern bleibt.
Schweigen kann auch Weisheit lehren,
in der Ruhe liegt das Leben.

Worte sind Brücken,
Waffen, scharf und klug.
Manchmal heilen sie die Herzen,
doch oft verletzen sie.

Die Kunst besteht im richtigen Maß,
im Abwägen von Gedankenmacht.
Worte können ins Chaos führen
oder in eine fragile Liebe.

Das Wählen der richtigen Worte:
In der leisen Reise liegt das wahre Glück.
Im Sprechen liegt die Lebendigkeit verborgen.
Wer redet, ist nicht tot.

Wie geht es dir?

Eine womöglich wichtige Frage
Oder?
Wahrscheinlich kämpft sich die Antwort durch das Gestrüpp
Des Alltags
Des Lebens
Des Erwartens:
– Gut –
Ruhe, ... gut
Zum Glück, vorbei.

Oder das mehr als mutlose
– Muss ja –
Es geht nicht schlecht
Ein bisschen vielleicht
Möchte gesehen werden
Also ein Muss in der Situation:
Müssen müssen ...
Du bist eigentlich egal, Durchschnitt
Glaubst du aber nicht
Du spielst mit im Glücksspiel
„Wem geht es am schlechtesten?"
Juchhu! Mir!

Wer sagt: Schlecht?
Niemand! Weg hier, nicht dass er uns folgt!
Warum sollte man das sagen? Schlecht?
Dumm
Nein, lieber nicht
Besser: Gut
Oder: Okay
Dann: Ruhe, Ruhe ...

Von H nach B über P nach H

Ziele im Leben, nur Ziele, sonst nichts
Angetrieben von uns selbst
Er war schön, der Drang, eigentlich
Das Ziel verschiebt sich unmerklich
Und doch sehr merklich
Nach vorne und nach oben
Das war schön, das ach so weit entfernte Ziel
Näherte sich
Man wird größer, wird gesehen
Das ist schön, das war schön
Ein großer Knall, das Gebäude ist zerstört
Das geliebte Ziel ist verschwunden
Für immer
Es ist egal

Zufriedenes Ablegen des Glücks

Glück.
Nicht stet, nicht fix,
klein und kurz.
Wenn es weg ist,
umso trauriger, manchmal schmerzhaft.
Ein Streben danach lohnt nicht,
danach streben, geht nicht.
Es zu probieren? Unsinnig.

Zufriedenheit.
Das kleine Glück?
Man fliegt nicht ganz oben,
quält sich nicht ganz, ganz unten.
Aber ein bisschen mehr
als die Mitte.
So sollte es bleiben.
Unrealistisch.

Vielleicht Ablegen des Suchens
nach dem Glück?
Vielleicht leben ohne die gebundene Horizontale
der Zufriedenheit?
Ja.
Nur ein tiefes Fallen aus
großer Höhe ist vermeidbar
beim Ablegen des Glücks und Hinterfragen
der Zufriedenheit.

Die Autorin

Grit Büchner-Mögling, Jahrgang 1986, studierte nach dem Abitur Humanmedizin. Nach ihrer Promotion absolvierte sie den Masterstudiengang Medizin-Ethik-Recht und arbeitete als Assistenzärztin in einer psychosomatischen Fachklinik. Anschließend war sie als ärztliche Referentin bei der Bundesärztekammer in Berlin tätig. Seit zwei Jahren arbeitet sie als freie Lektorin für wissenschaftliche Literatur. Ihre Leidenschaft gilt dem Lesen und natürlich dem Schreiben von Gedichten. Mit dem Gedichtband „Mitunter Gedanken" gibt sie ihr poetisches Debüt.

Der Verlag

*Wer aufhört
besser zu werden,
hat aufgehört
gut zu sein!*

Basierend auf diesem Motto ist es dem novum Verlag
ein Anliegen, neue Manuskripte aufzuspüren, zu ver-
öffentlichen und deren Autoren langfristig zu fördern.
Mittlerweile gilt der 1997 gegründete und mehrfach
prämierte Verlag als Spezialist für Neuautoren in
Deutschland, Österreich und der Schweiz.

**Für jedes neue Manuskript wird innerhalb we-
niger Wochen eine kostenfreie, unverbindliche
Lektorats-Prüfung erstellt.**

Weitere Informationen zum Verlag und
seinen Büchern finden Sie im Internet unter:

www.novumverlag.com